Camiones mezcladores

Charles Lennie

MÁQUINAS DE CONSTRUCCIÓN Kids

www.abdopublishing.com

Published by Abdo Kids, a division of ABDO, P.O. Box 398166, Minneapolis, Minnesota 55439.

Copyright © 2015 by Abdo Consulting Group, Inc. International copyrights reserved in all countries. No part of this book may be reproduced in any form without written permission from the publisher.

Printed in the United States of America, North Mankato, Minnesota.

072014

092014

 THIS BOOK CONTAINS RECYCLED MATERIALS

Spanish Translators: Maria Reyes-Wrede, Maria Puchol

Photo Credits: iStock, Shutterstock, Thinkstock

Production Contributors: Teddy Borth, Jennie Forsberg, Grace Hansen

Design Contributors: Dorothy Toth, Renée LaViolette, Laura Rask

Library of Congress Control Number: 2014938947

Cataloging-in-Publication Data

Lennie, Charles.

[Concrete mixers. Spanish]

 Camiones mezcladores / Charles Lennie.

   p. cm. -- (Máquinas de construcción)

ISBN 978-1-62970-310-7 (lib. bdg.)

Includes bibliographical references and index.

1. Concrete mixers--Juvenile literature. 2. Construction equipment--Juvenile literature.   3. Spanish language materials—Juvenile literature.   I. Title.

629.225--dc23

2014938947

Contenido

Concreto 4

Camiones mezcladores 10

Partes del camión mezclador . . 12

Descargar concreto 18

Más datos 22

Glosario 23

Índice 24

Código Abdo Kids 24

Concreto

El concreto es un **material** de construcción. Es muy importante para las obras de construcción.

El concreto es una **mezcla** de cemento y agua. También se ponen piedras y rocas en esta mezcla.

El concreto es un **material** húmedo. Cuando se seca se endurece.

Camiones mezcladores

El camión mezclador lleva concreto a donde lo necesitan.

Partes del camión mezclador

El conductor se sienta en la **cabina**. El concreto está dentro del **tambor**. El tambor está sobre el **chasis**.

El **tambor** gira para mover el concreto. Ese movimiento hace que el concreto no se haga duro.

El conductor lleva el concreto al lugar de la construcción.

Descargar concreto

El camión mezclador se inclina para **descargar** el concreto.

Otros camiones mezcladores usan bombas de aire para descargar el concreto.

Más datos

- Hace mucho tiempo, los caballos tiraban de los mezcladores.

- El concreto se usa desde hace cientos de años. Los egipcios usaron una **mezcla** de concreto para construir las pirámides.

- Los camiones con bomba ayudan a los camiones mezcladores porque descargan concreto en las obras con construcciones altas.

Glosario

cabina – donde se sienta el conductor para manejar y controlar la máquina.

chasis – estructura externa formada de varias partes diferentes. El chasis abarca toda la estructura.

descargar – vaciar o sacar la carga.

material – algo que se usa para construir o para hacer otras cosas.

mezcla – la combinación de dos o más cosas diferentes.

tambor – barril gigante donde se guarda el concreto húmedo.

Índice

bomba 20

cemento 6

chasis 12

concreto 4, 6, 8, 10, 14, 16, 18, 20

conductor 16

construcción 4

tambor 12, 14

usos 10, 14

abdokids.com

¡Usa este código para entrar a abdokids.com y tener acceso a juegos, arte, videos y mucho más!

Código Abdo Kids: CCK0168